②ぎゅうにゅうパックでつくろう！　③紙ざらでつくろう！　④紙コップでつくろう！

## マークを みかけたら

⑧ストローでつくろう！

この マークが ついている ときは、本の おわりを みてみましょう。つくりかたの くわしい せつめいや コツが 出ています。

⑩ペットボトルでつくろう！　⑪あきカンでつくろう！　⑫わりばしでつくろう！

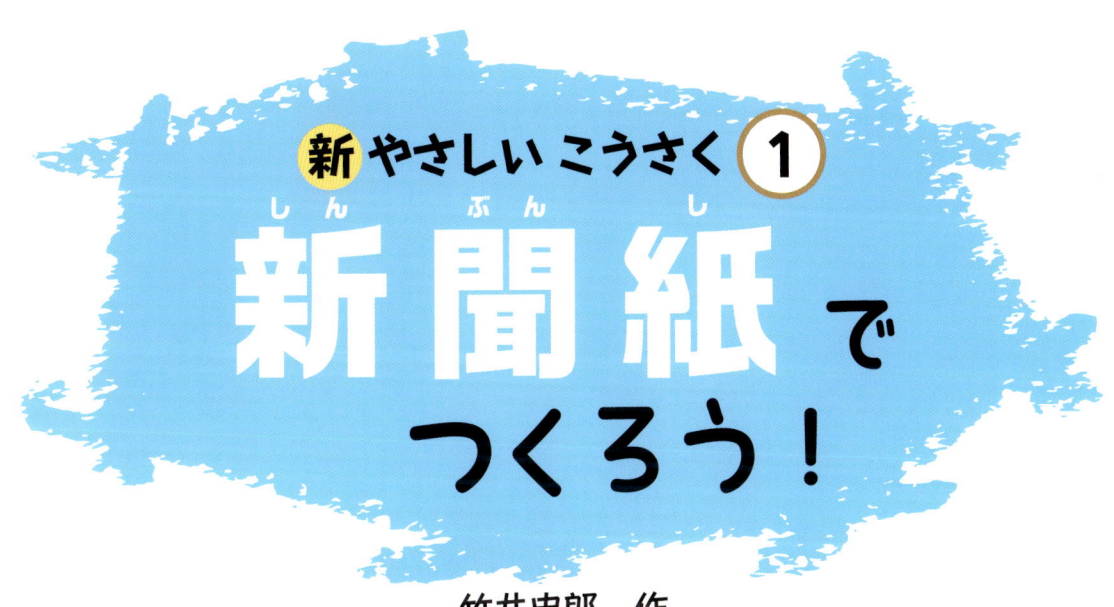

# 新やさしい こうさく ①
# 新聞紙でつくろう！

竹井史郎　作

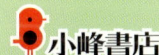

# もくじ

## ジグソーパズル

4ページ

## ひっぱりずもう

5ページ

## へんしんぼうし
ゆきんこずきん　かんむり
すいへいさんの ぼうし

6・7ページ

## ゆきおとこ

8ページ

## フラダンス

9ページ

## ロボット

10ページ

## おひめさま

11ページ

## お手玉（てだま）

12ページ

## ヨーヨー

13ページ

## ひもつきボール

14ページ

## ジャンボボール
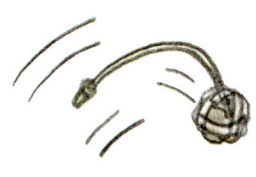
15ページ

## 刀（かたな）

16ページ

## ほうき

17ページ

# ジグソーパズル

やぶった 新聞紙を もとの 形に ならべて あそぼう。もとどおりに できるかな？

| ようい するもの | |
|---|---|
| さいりょう | ●新聞紙 |
| どうぐ | なし |

① 新聞紙を びりびりに やぶります。

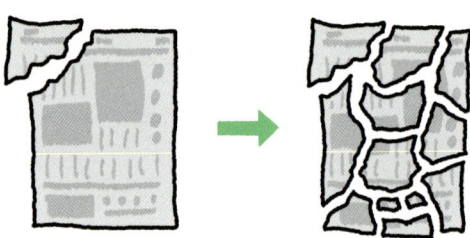

② ばらばらに します。

**メモ** カラー印刷された新聞紙を使うと、パズルが少し簡単になります。1ページでなく1枚にしたり、細かく破ると、難しいパズルにチャレンジできます。

はい、ならべて くださーい！

なかなか むずかしい！

どこと どこが くっつくかな？

4

# ひっぱりずもう

おりまげた 新聞紙を からめて、どちらかの 新聞紙が ちぎれるまで ひっぱろう。

よういするもの
- ざいりょう ●新聞紙
- どうぐ ●はさみ

① 新聞紙 1ページを 半分に 切ります。

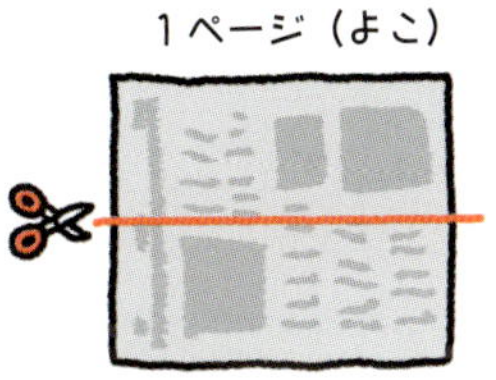

② 2回 おります。

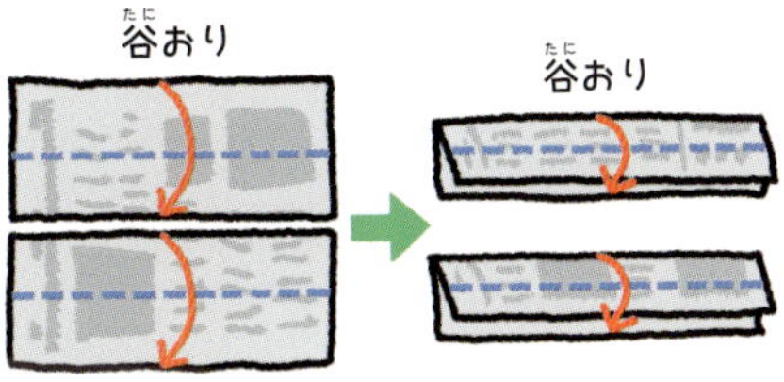

③ 2つを からめます。

メモ 3人以上で遊ぶときは、自分たちでルールを考えて、いちばんを決めても楽しいです。また、目をとじてやってみてもおもしろいですよ。

# へんしんぼうし

新聞紙を おって、ぼうしを つくり、かぶって あそぼう。

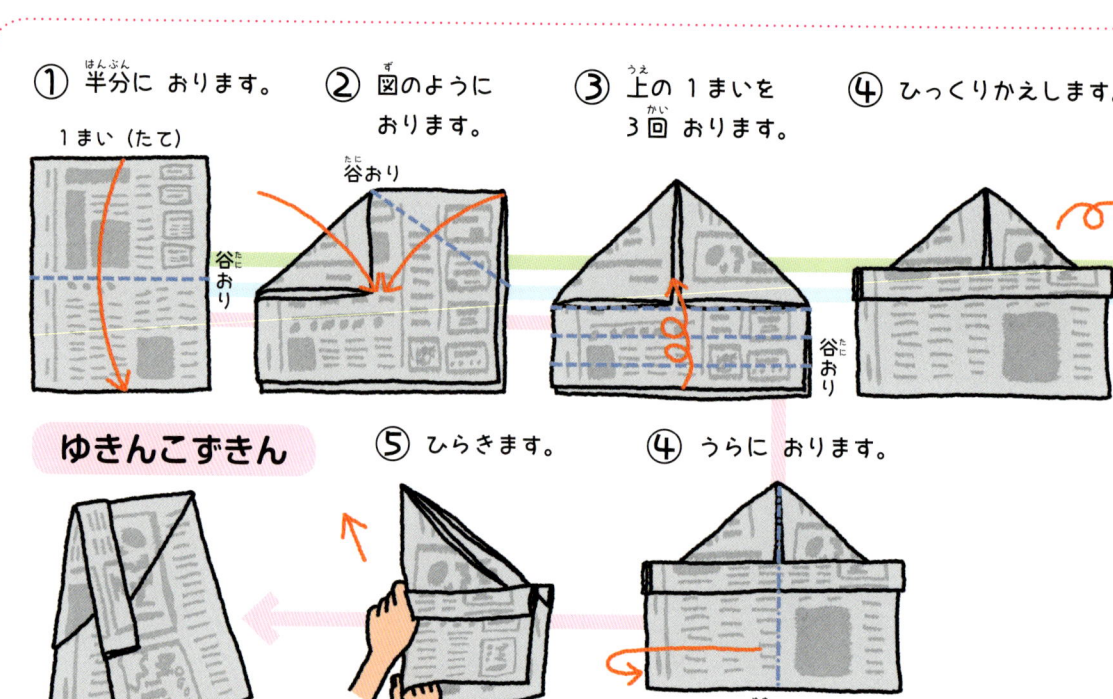

① 半分に おります。

② 図のように おります。

③ 上の 1まいを 3回 おります。

④ ひっくりかえします。

④ うらに おります。

⑤ ひらきます。

1まい（たて）
谷おり
谷おり
谷おり
山おり
ゆきんこずきん


みて！ 切った 紙や
シールを はって
みたよ！


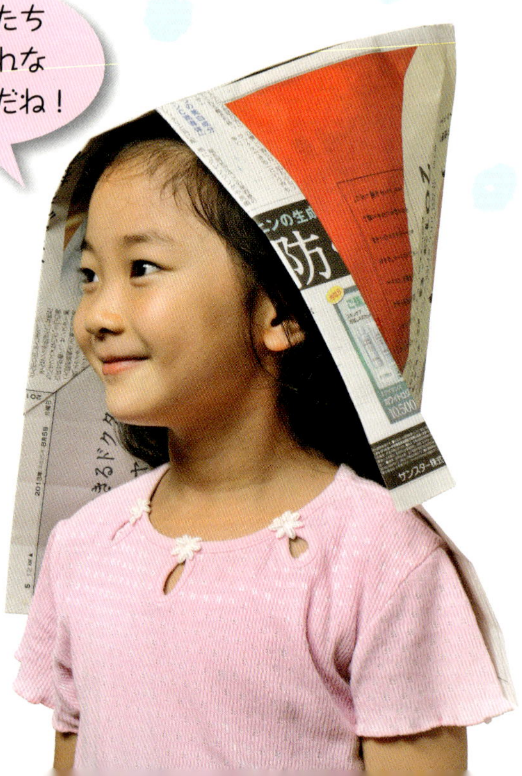

わたしたち
おしゃれな
ゆきんこだね！


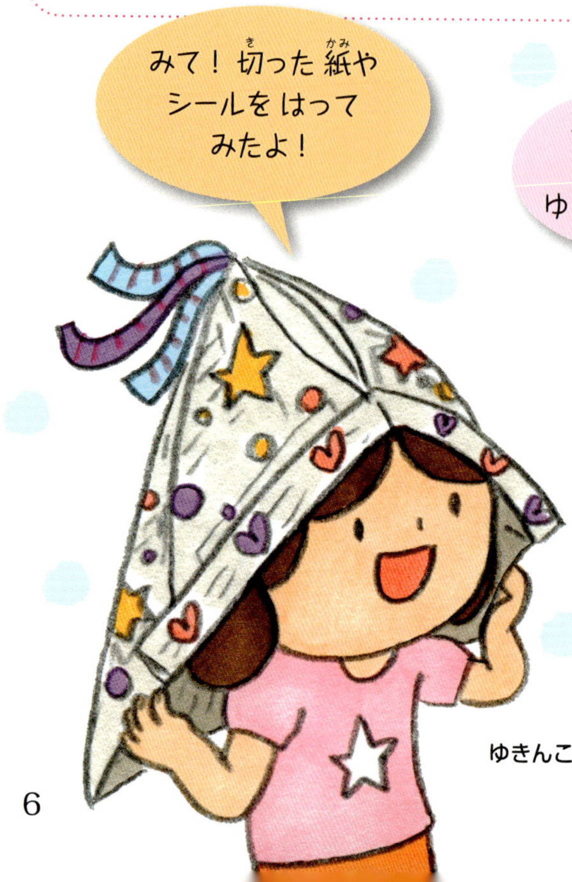

ゆきんこずきん

## ようい するもの

**ざいりょう** ●新聞紙

**どうぐ** なし

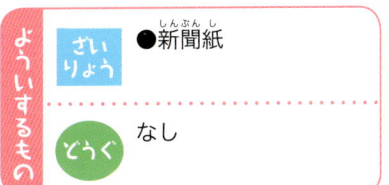

**メモ** カラー印刷の新聞紙やチラシ、包装紙などを使うと、きれいで丈夫なぼうしができます。できあがったぼうしにシールやテープをはって飾ってもかわいくなりますよ。

⑤ 図のように おります。

⑥ 3回 おります。

⑦ ひっくりかえします。

⑧ さしこみます。

## かんむり

## すいへいさんの ぼうし

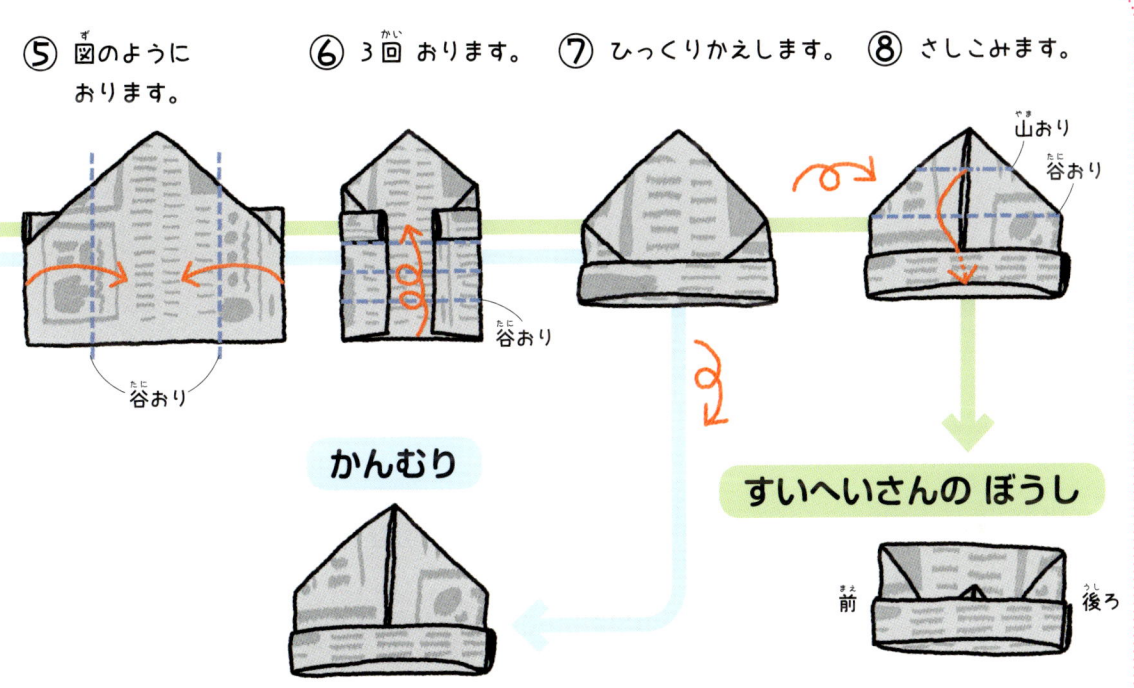

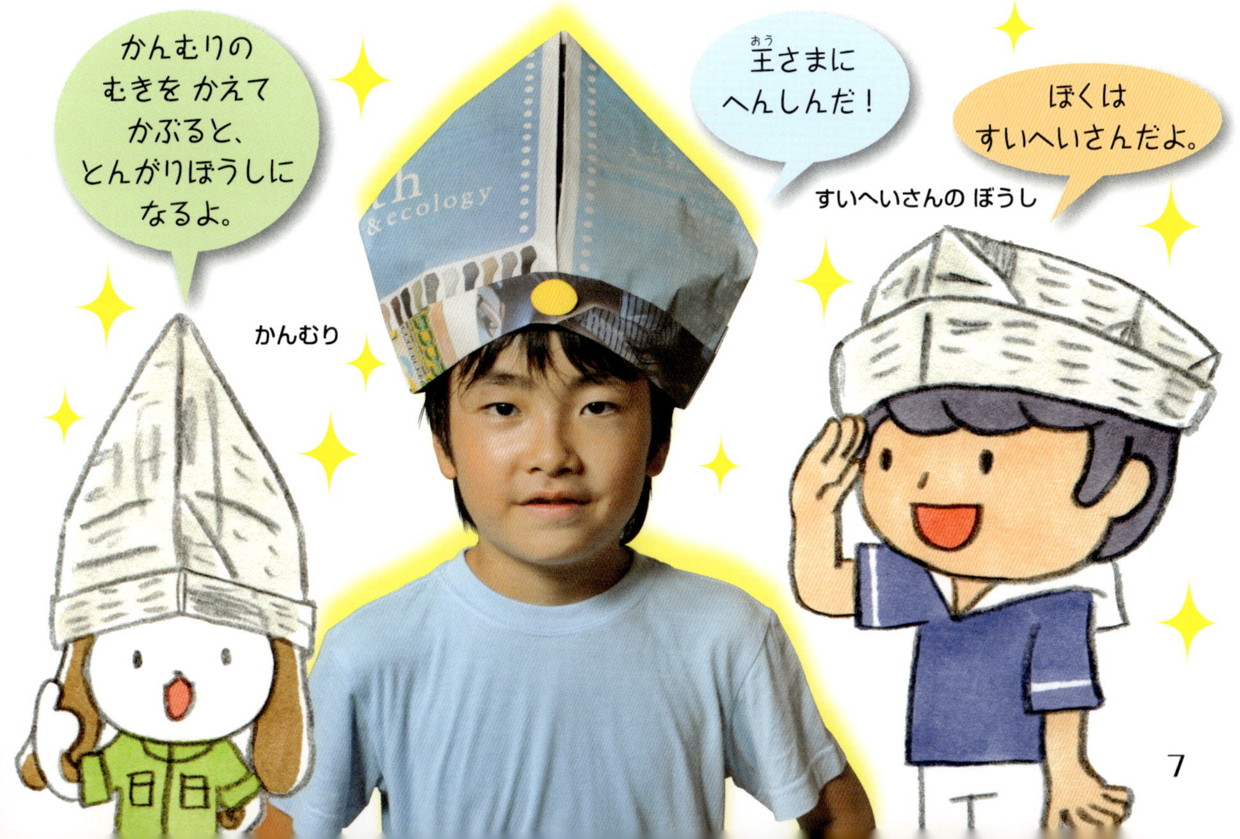

# ゆきおとこ

からだに 新聞紙を たくさん まきつけて、ゆきおとこに へんしんしよう。

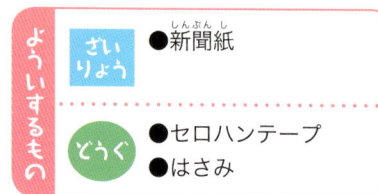

- ようい するもの
  - さいりょう ●新聞紙
  - どうぐ ●セロハンテープ ●はさみ

① 新聞紙を おり、切りこみを 入れます。

1まい（たて）
谷おり
ここまで 切りこみを 入れる
6つ つくる

② いろいろな ところに まきつけて セロハンテープで とめます。

頭　からだ　うで　足

セロハンテープ

**メモ** 体につけるときは、ひとりでまきつけるのが大変なので、おうちの人や友達に、手伝ってもらいましょう。鏡を見ながら遊ぶと楽しいですよ。

ゆきおとこ だぞ〜！

# フラダンス

新聞紙で フラダンスの かみかざりや
スカートを つくり、音楽に あわせて おどろう。

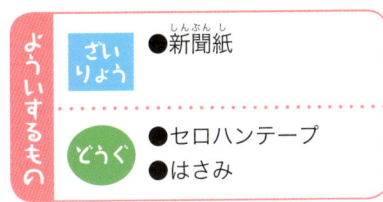

### かみかざり

① 新聞紙を 半分に おります。

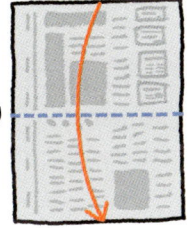

② 切りこみを 入れ、おります。

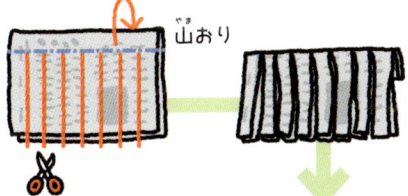

③ まるめて 頭に まきつけ、とめます。

### スカート

① 新聞紙を 2回 おります。

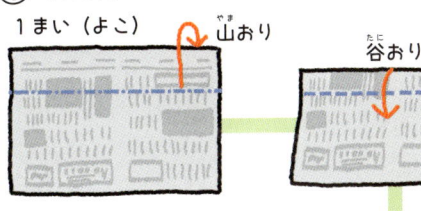

② 切りこみを 入れます。

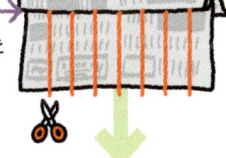

③ まるめて こしに まきつけ、とめます。

アロハ〜

**メモ** 上半身につけるものは、写真を参考にして自分で工夫して作ってみてください。12ページの「お手玉」をたこ糸にはれば、首飾りもできますよ。

# ロボット

新聞紙で からだを つつんで、
ロボットに なって あそぼう。

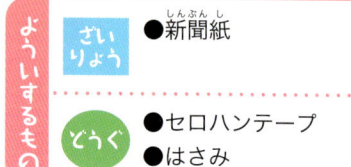

●新聞紙

ようい するもの

どうぐ
●セロハンテープ
●はさみ

### 頭

新聞紙を 半分に おり、切ります。

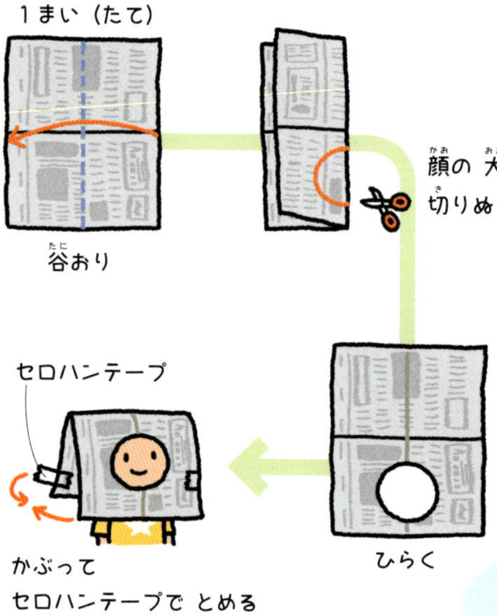

1まい（たて）

谷おり

顔の 大きさに 切りぬく

ひらく

セロハンテープ

かぶって セロハンテープで とめる

### 手・足

まきつけて セロハンテープで とめます。

セロハンテープ

まきつける

### からだ

まきつけて セロハンテープで とめます。

セロハンテープ

まきつける

メモ　体につけるときは、友達やおうちの人に、手伝ってもらいましょう。手に持つものは、自分で工夫して作ってみましょう。

ボクハ、カニ ロボットデス。

ちょき

ちょき

いけ！ かにロボ！

# おひめさま

かんむりや リボンを つくって、
おひめさまごっこを して あそぼう。

### かんむり
新聞紙を おって 切り、まるめます。

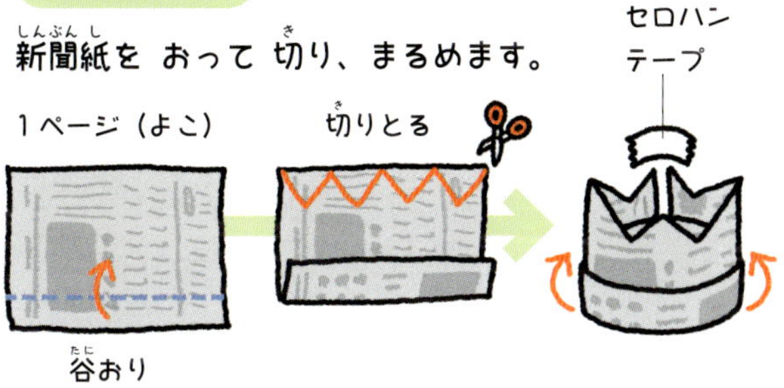

1ページ（よこ）　切りとる　セロハンテープ
谷おり

### スカート
ジャバラに おって、こしに まきつけ、とめます。

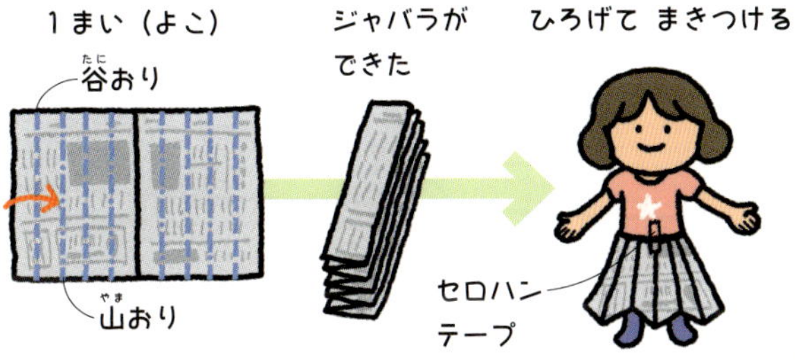

1まい（よこ）　ジャバラができた　ひろげて まきつける
谷おり　山おり　セロハンテープ

### せなかの リボン
ジャバラに おって、せなかに
はりつけます。
（ジャバラの つくりかたは スカートと 同じ）

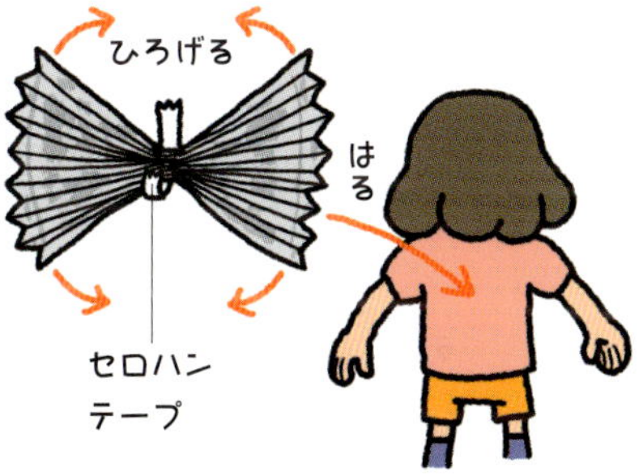

ひろげる　はる　セロハンテープ

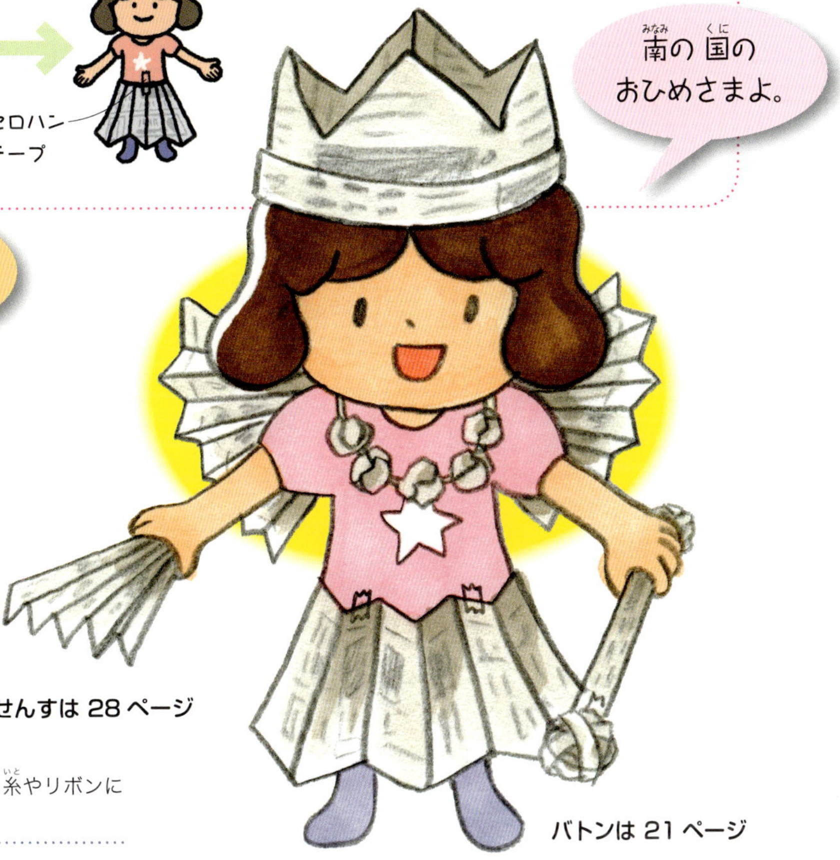

南の 国の
おひめさまよ。

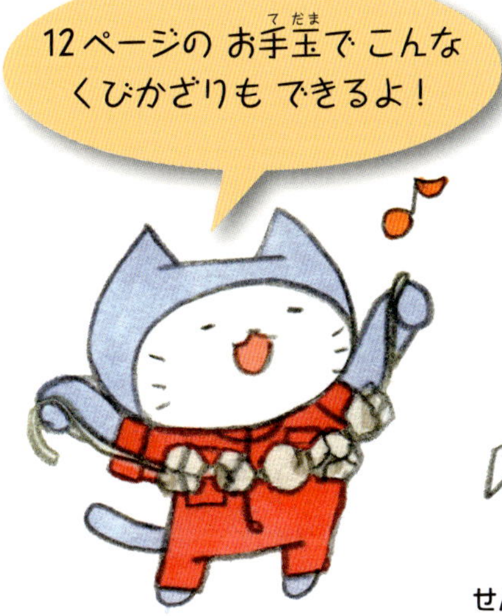

12ページの お手玉でこんな
くびかざりも できるよ！

せんすは 28ページ

バトンは 21ページ

**メモ** お手玉を 3〜5個作って、たこ糸やリボンに
はりつけると、首飾りができますよ。

# お手玉

新聞紙で ボールを つくって、
お手玉で あそぼう。

| よういするもの | |
|---|---|
| ざいりょう | ●新聞紙 |
| どうぐ | ●台つきのセロハンテープ |

① 新聞紙を すみから まるめます。

1ページ（よこ）

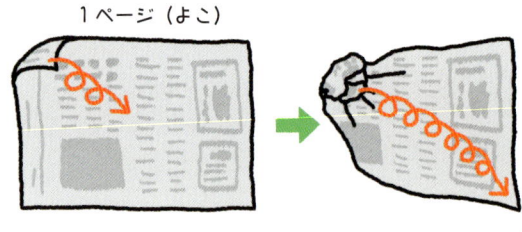

② セロハンテープで とめます。

ボールを 回す

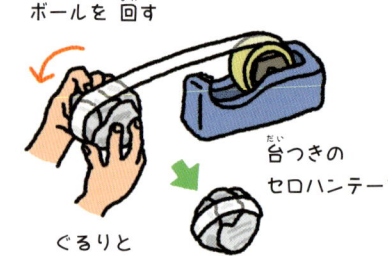

ぐるりと 1しゅうさせる

台つきの セロハンテープ

**メモ** 新聞紙のボールが大きいときは1ページをさらに半分に切って作るとよいでしょう。また、このボールで、いろいろな遊びができます。作り方を覚えてしまいましょう。

③ むきを かえて 3回 とめます。

セロハンテープ

「どんな もんだい！」

「わたしは 3つよ〜！」

「すごい！」

ヨーヨー
楽しいね！　　　じょうずに
　　　　　　　なって きたわ！

# ヨーヨー

新聞紙の ボールで ヨーヨーを
つくって あそぼう。

**ようい するもの**
- ざいりょう：●新聞紙　●わゴム
- どうぐ：●台つきのセロハンテープ

**メモ** 新聞紙の 枚数などをかえて、いろいろな
大きさのボールで 作ってみましょう。

**くわしく**

① 新聞紙を すみから
まるめます。
1まい（よこ）

② ①を べつの 新聞紙の 上に
おき、すみから まるめます。
1まい（よこ）

③ セロハンテープで
とめます。
台つきの
セロハンテープ
ボールを 回す

3回 とめる

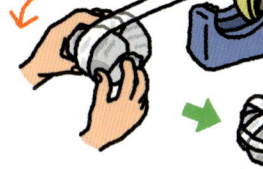

④ わゴムを 3本
つなぎます。

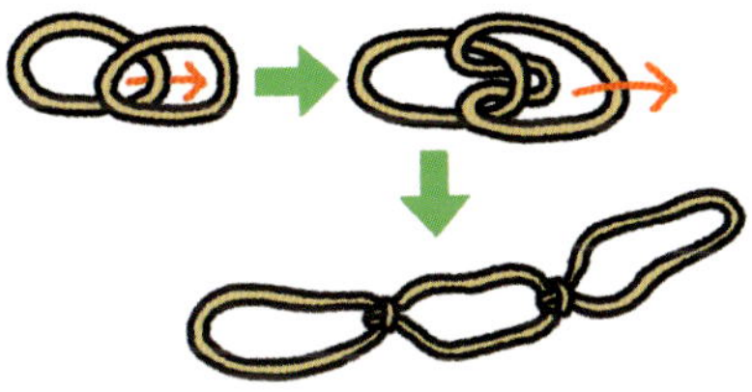

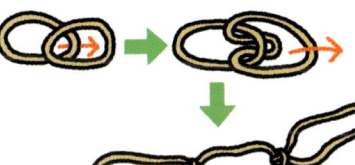

⑤ ゆびを 入れるところを
つくります。
むすぶ
ここに
ゆびを 入れる

⑥ わゴムを ボールに
かけて とめます。
中ゆびを
入れる
セロハンテープ

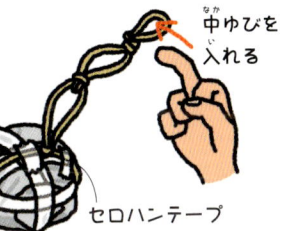

13

# ひもつきボール

ボールに ひもを つけて なげると、
キャッチするのが むずかしくなるよ。

ようい するもの
- さいりょう：●新聞紙 ●たこ糸
- どうぐ：●台つきのセロハンテープ ●はさみ

① 新聞紙を すみから まるめます。

1まい（よこ）

② セロハンテープで とめます。

ボールを 回す
1しゅうさせる
台つきの セロハンテープ

③ むきを かえて 3回 とめます。

セロハンテープ

④ たこ糸の 両はしを むすび、ボールに はりつけます。

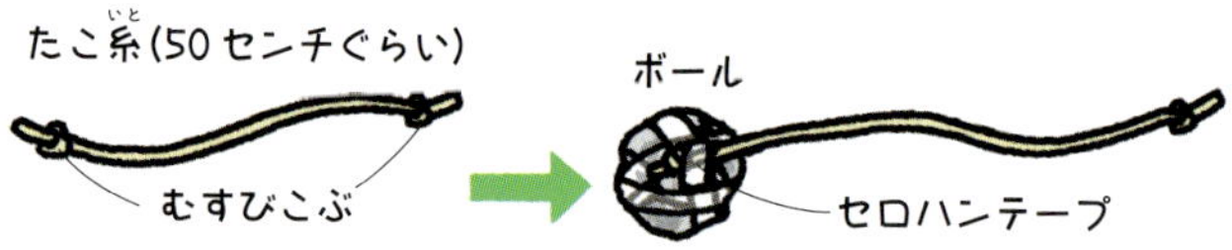

たこ糸（50センチぐらい）
むすびこぶ
→ ボール　セロハンテープ

ひもを もって、なげて キャッチ！

ふたりで なげあいっこしても 楽しいよ！

おっと！

**メモ**　新聞紙のボールを大きくすると、より遠くまで飛ばせるようになります。ボールの大きさや、たこ糸の長さをかえて遊んでみましょう。飛ばして遊ぶときは、周りをよく確かめて、人や物にぶつからないようにしましょう。

# ジャンボボール

大きいボールを つくって、
キャッチボールを して あそぼう。

**ようい するもの**
- ざいりょう ●新聞紙
- どうぐ ●台つきのセロハンテープ

**メモ** 大きいボールを作る場合は、セロハンテープを5回ほどまくとしっかりとまります。新聞紙を5枚、6枚と重ねていくと、どんどん大きなボールにすることができますよ。

① 新聞紙を すみから まるめます。
1まい（よこ）

② ①を べつの 新聞紙の 上に おき、すみから まるめます。
1まい（よこ）

③ さらに もう1回 すみから まるめます。
1まい（よこ）
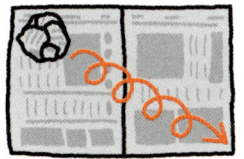

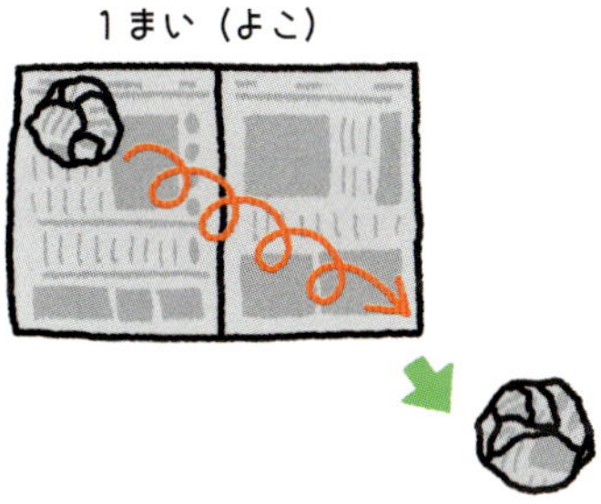

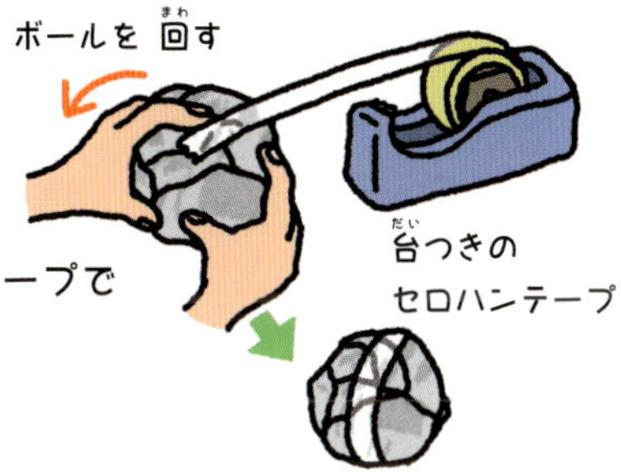

④ セロハンテープで とめます。

ボールを 回す
台つきの セロハンテープ

⑤ むきを かえて ぜんぶで 5回ほど セロハンテープで とめます。

セロハンテープ

# 刀(かたな)

新聞紙(しんぶんし)を まるめて 刀(かたな)を つくって、
ちゃんばらごっこを して あそぼう。

● 新聞紙(しんぶんし)
● あつ紙(がみ)
● セロハンテープ ● はさみ
● えんぴつ

① 新聞紙(しんぶんし)を 3まい かさねて まるめ、つつを つくります。

3まい（よこ）　まるめる

谷おり　セロハンテープでとめる

② あつ紙(がみ)で つばを つくり、つつに はめて とめます。

えんぴつで なぞる　つば　セロハンテープ

あつ紙(がみ)の まん中(なか)に おく　半分(はんぶん)に おって なぞった 線(せん)に そって 切(き)る　はめる

**メモ** 持(も)つところにビニールテープを巻(ま)くと、さらにりっぱな刀(かたな)ができます。18ページの筒(つつ)を使(つか)えば、短(みじか)い刀(かたな)が作(つく)れます。長(なが)い刀(かたな)と短(みじか)い刀(かたな)を、両手(りょうて)に持(も)つとかっこいいですよ。

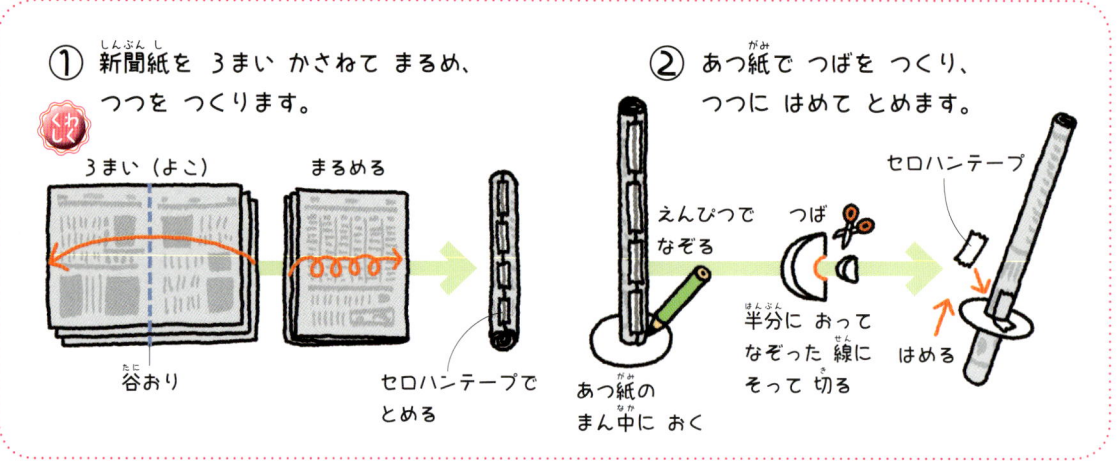

おそうじ
しましょ！
お手つだい
するよ！


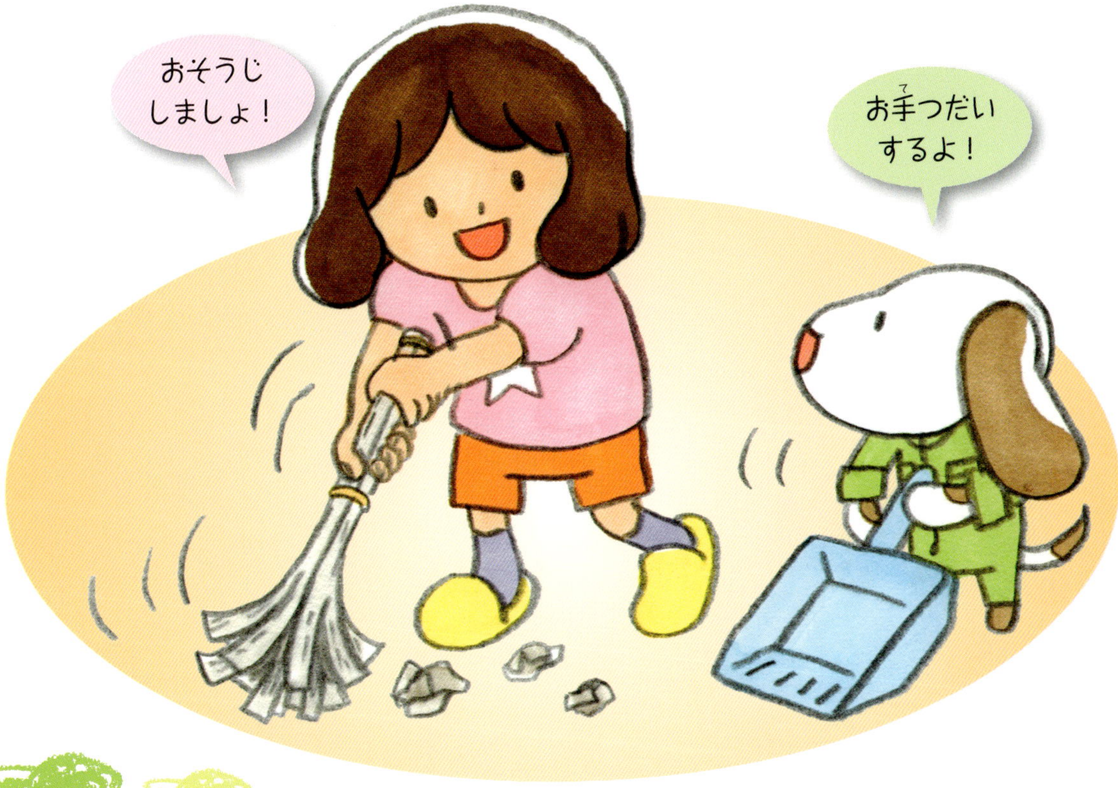

# ほうき

ほうきを つくって、おへやの ごみを はこう。

**ようい するもの**

| | |
|---|---|
| ざいりょう | ●新聞紙<br>●わゴム |
| どうぐ | ●はさみ |

① 新聞紙を まるめて、わゴムを かけます。

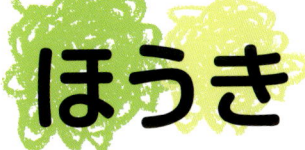

② 切りこみを 4つ 入れ、まん中を ひき出します。

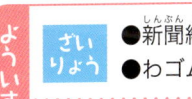

くわしく
2まい（よこ）
谷おり
まるめる
わゴムを 2本 かける
わゴム
わゴム
15センチ
ぐらい
ひき出す


ゆびを おくに
入れて ひき出すと、
やぶれにくいよ！


**メモ** ほうきだけでなく、ほこりをはたく道具としても使えます。また、カラー印刷された新聞紙を使うと、きれいなほうきができますよ。

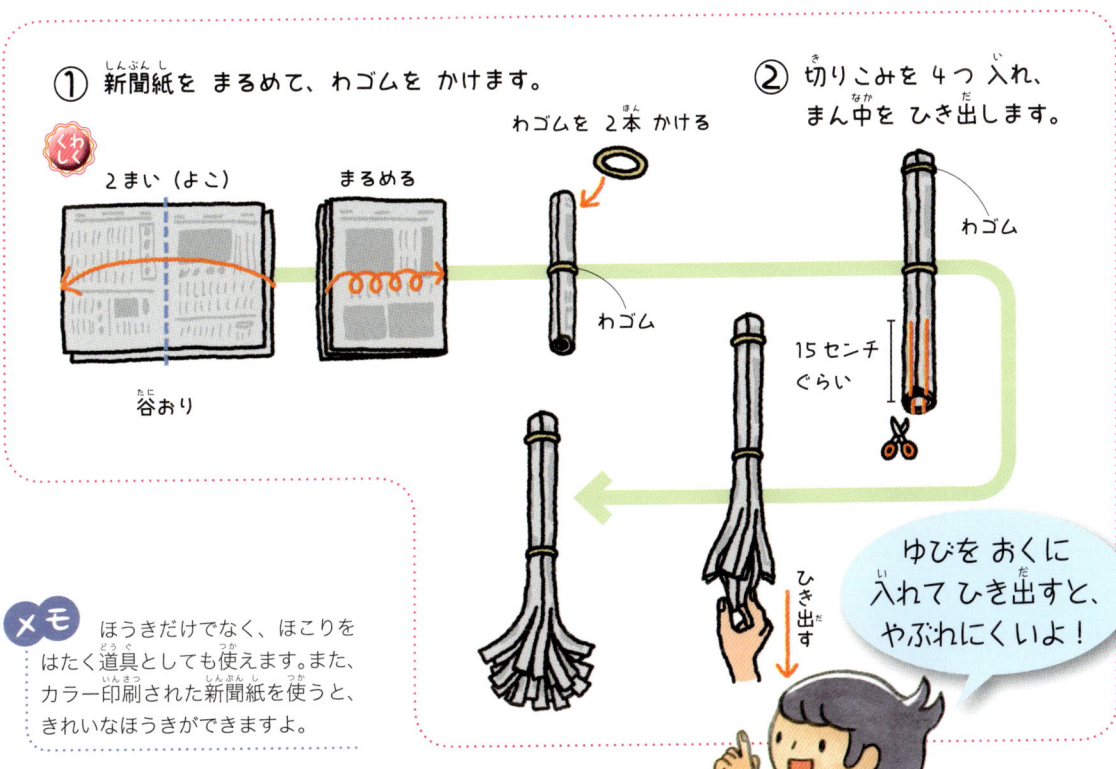

# ヌンチャク

つつを 2つ たこ糸で つなぐと、
ヌンチャクが できるよ。

**ようい するもの**
- ざいりょう: ●新聞紙 ●たこ糸
- どうぐ: ●セロハンテープ ●はさみ

① 新聞紙を 2回 おりまげ、まるめて つつを つくります。

くわしく
1まい（よこ） / 谷おり / まるめる / セロハンテープで とめる
谷おり

② 同じ ものを 2つ つくります。

③ 2つを たこ糸で つなぎます。
たこ糸（20センチぐらい）
むすびこぶを つくる
→ たこ糸 / セロハンテープで とめる

**メモ** ヌンチャクは、中国の武器です。16ページの刀と両方作って戦いごっこをしても楽しいです。あたると危ないので、周りに気をつけて遊びましょう。

アチョーッ！

かかって きなさい！

18

# マイク

新聞紙の ボールと つつを くっつけると、マイクが できるよ。

**ようい する もの**

ざいりょう
- 新聞紙
- たこ糸

どうぐ
- 台つきの セロハンテープ
- はさみ

**メモ** 好きな色のビニールテープや色紙をまきつけて、きれいなマイクを作ることができます。たこ糸をとると肩たたきにすることもできますよ。

## くわしく

### ボール
新聞紙 1まいを まるめて、ボールを つくります。

1まい（よこ）→ すみから まるめる → セロハンテープで とめる

### もち手
新聞紙を 3回 おりまげて まるめ、みじかい つつを つくります。

1まい（よこ）谷おり → 谷おり → 谷おり → まるめる → セロハンテープで とめる

### あわせる
もち手に ボールと たこ糸を はりあわせます。

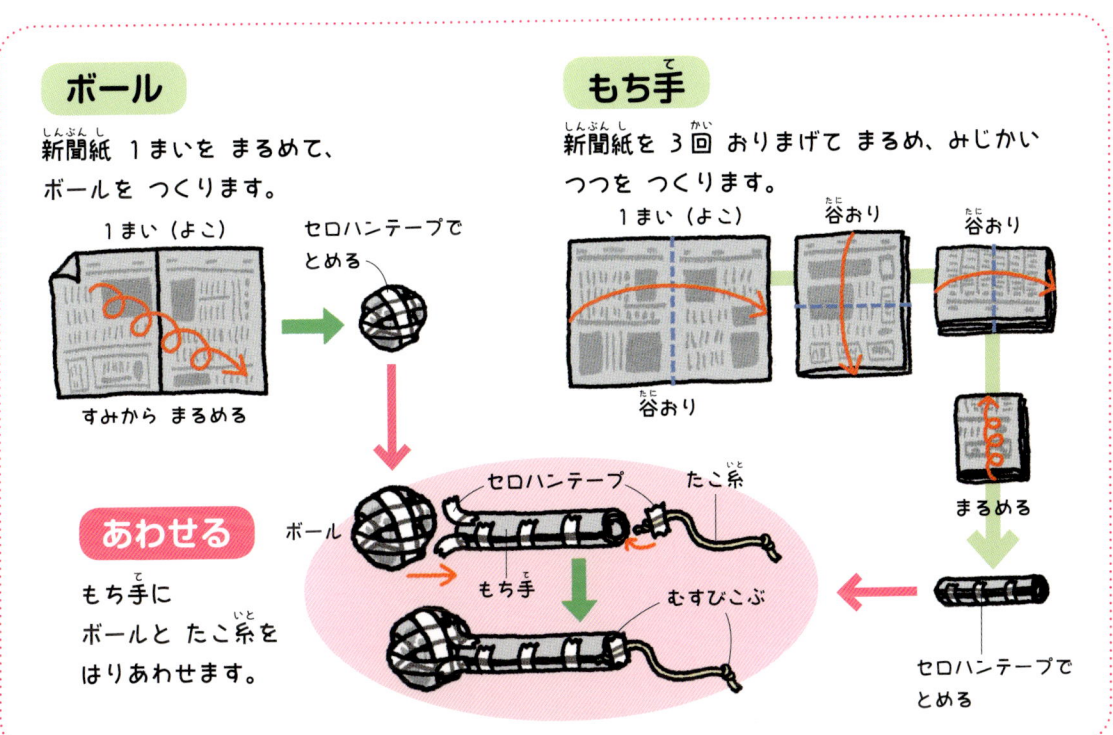

ボール・セロハンテープ・たこ糸・もち手・むすびこぶ

19

# ダンベル

新聞紙で ダンベルを つくって、もちあげて あそぼう。

**ようい するもの**
- ざいりょう: ●新聞紙
- どうぐ: ●台つきの セロハンテープ

**メモ** 筒にビニールテープをまきつけると、きれいなダンベルができます。21ページの長い筒を組み合わせれば、バーベルを作ることもできますよ。

## くわしく

### おもり
新聞紙 2まいで ボールを つくります。

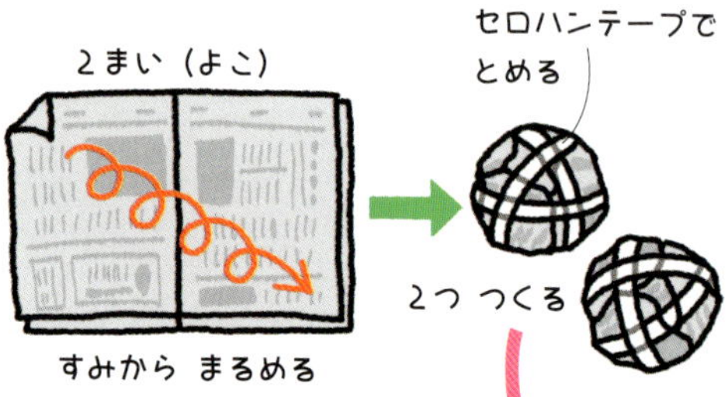

- 2まい（よこ）
- すみから まるめる
- セロハンテープで とめる
- 2つ つくる

### もち手
新聞紙を 3回 おりまげて まるめ、みじかい つつを つくります。

- 2まい（よこ）
- 谷おり
- 谷おり
- 谷おり
- まるめる
- セロハンテープで とめる

### あわせる
おもりと もち手を はりあわせます。

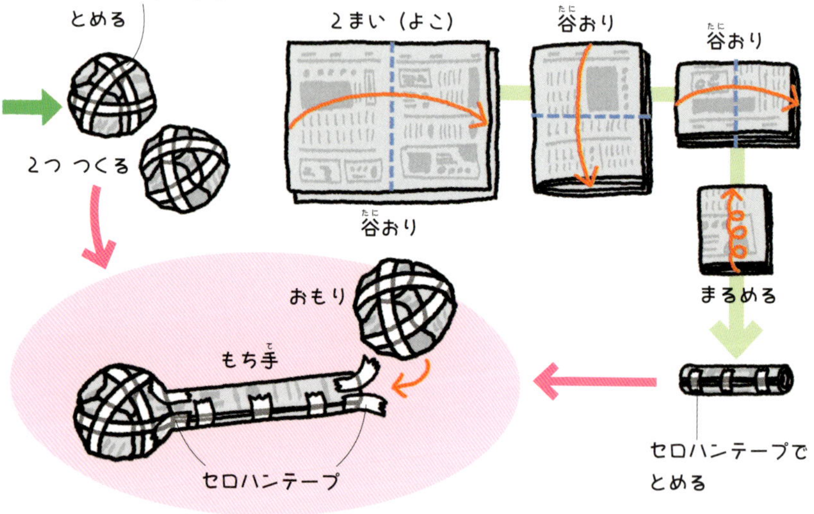

- おもり
- もち手
- セロハンテープ

# バトン

バトンを つくって、回したり なげたりして あそぼう。

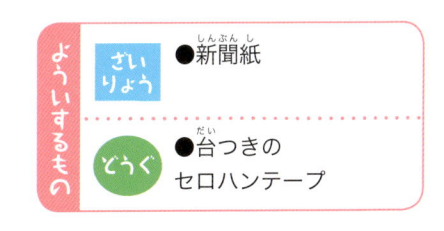

**よういするもの**
- さいりょう: ●新聞紙
- どうぐ: ●台つきのセロハンテープ

## くわしく

### もち手
新聞紙を おりまげて まるめ、つつを つくります。

3まい（よこ） / 谷おり → まるめる → セロハンテープでとめる

### おもり
新聞紙で ボールを つくります。

1ページ（よこ） / すみから まるめる → 2つ つくる / セロハンテープでとめる

### あわせる
おもりと もち手を はりあわせます。

もち手 / セロハンテープ / おもり

バトンを くるくる 回して あそぼう！

そーれっ！

**メモ** 2つ作って両手に持って回したり、好きな音楽にあわせて回したりしても楽しいです。周りに気をつけて遊びましょう。

21

# パターゴルフ

パターを つくって、ボールを うって
ころがし、ゲートを くぐらせて あそぼう。

**よういするもの**
ざいりょう ●新聞紙 ●あきばこ
どうぐ ●台つきのセロハンテープ

### パター
新聞紙を まるめて とめ、図のように おりまげます。

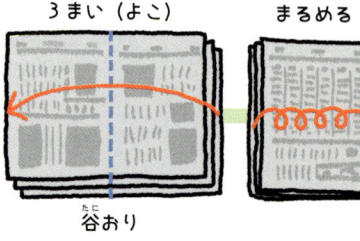

### ボール
1ページで ボールをつくります。

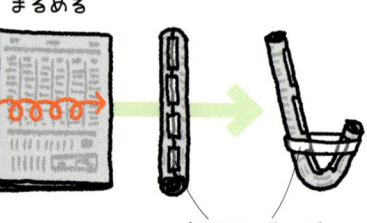

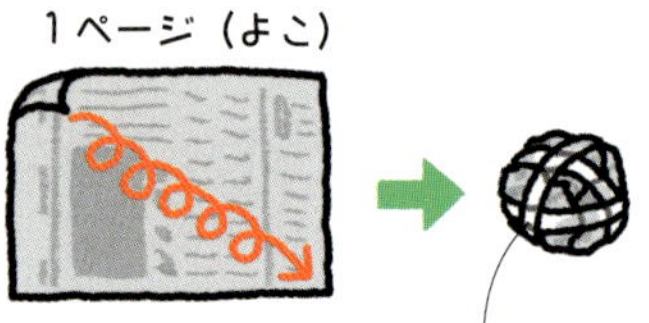

### ゲート
あきばこを
3つ はりあわせます。

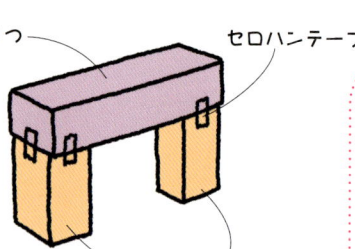

**メモ** パターは杖としても使えるので敬老の日のプレゼントにもなります。ゲートを2〜3個作り、何回で全部のゲートをくぐらせることができるか、競争してみるのも楽しいですよ。

# けん玉

新聞紙で つくった けん玉で あそぼう。
じょうずに カップに 入れられるかな？

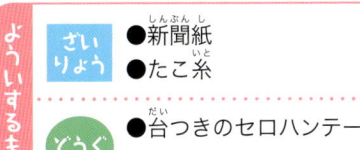

- ●新聞紙
- ●たこ糸
- ●台つきのセロハンテープ

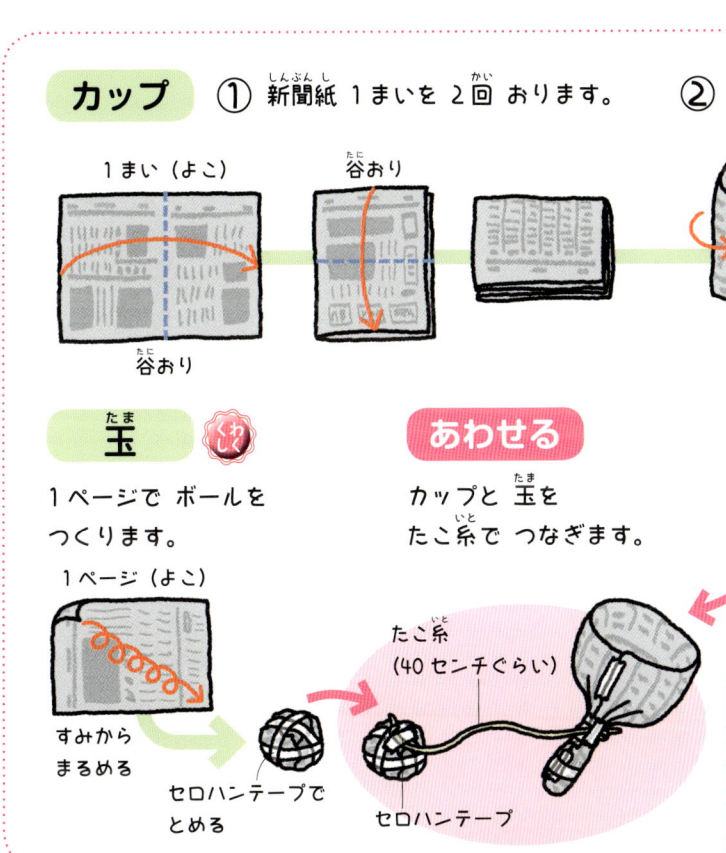

### カップ
① 新聞紙 1まいを 2回 おります。
② まるめて さしこみ、とめます。 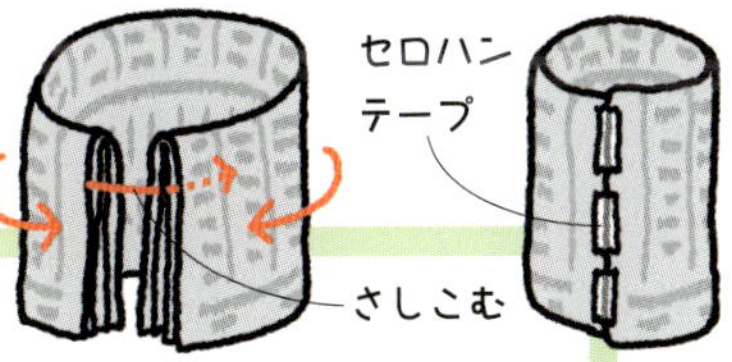
③ 手で にぎって とめます。

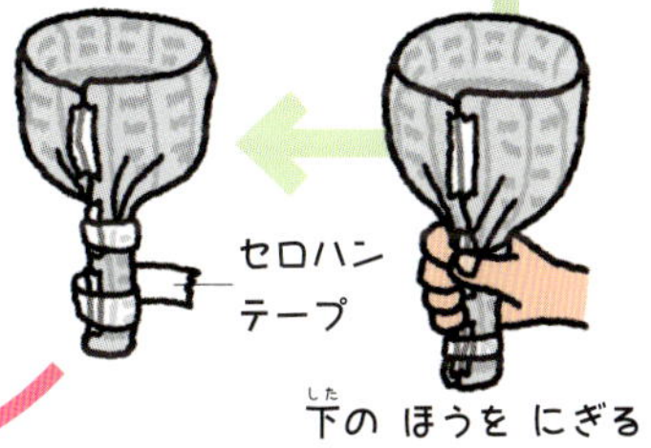

### 玉
1ページで ボールを つくります。

### あわせる
カップと 玉を たこ糸で つなぎます。

**メモ** つづけて何回入れられるか、競争してみましょう。利き手でない方の手でも、挑戦してみましょう。たこ糸を使わず、ボールとカップを別にして遊んでも楽しいですよ。

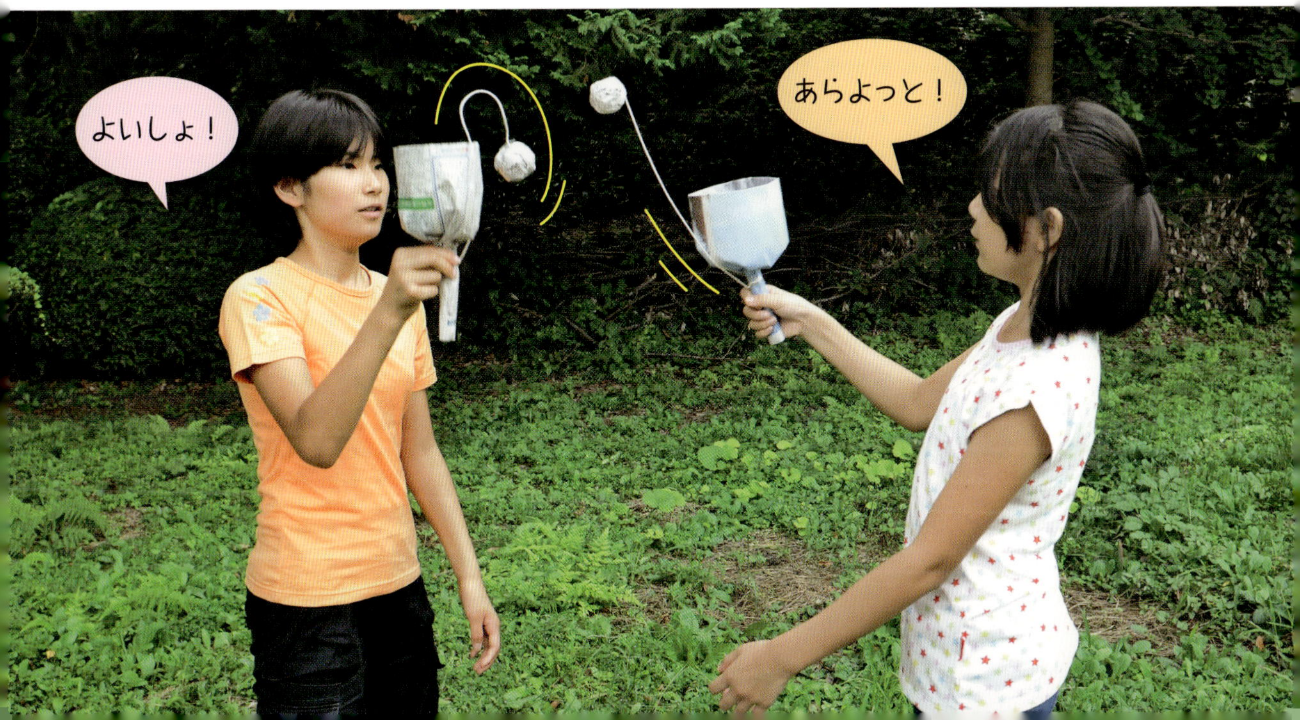

「よいしょ！」 「あらよっと！」

# はねつき

新聞紙の はねを、はごいたで
何回 つづけて つけるかな。

| よういするもの | |
|---|---|
| ざいりょう | ●新聞紙 ●わりばし ●ダンボールいた |
| どうぐ | ●セロハンテープ ●はさみ ●切りだしナイフ ●ぐんて |

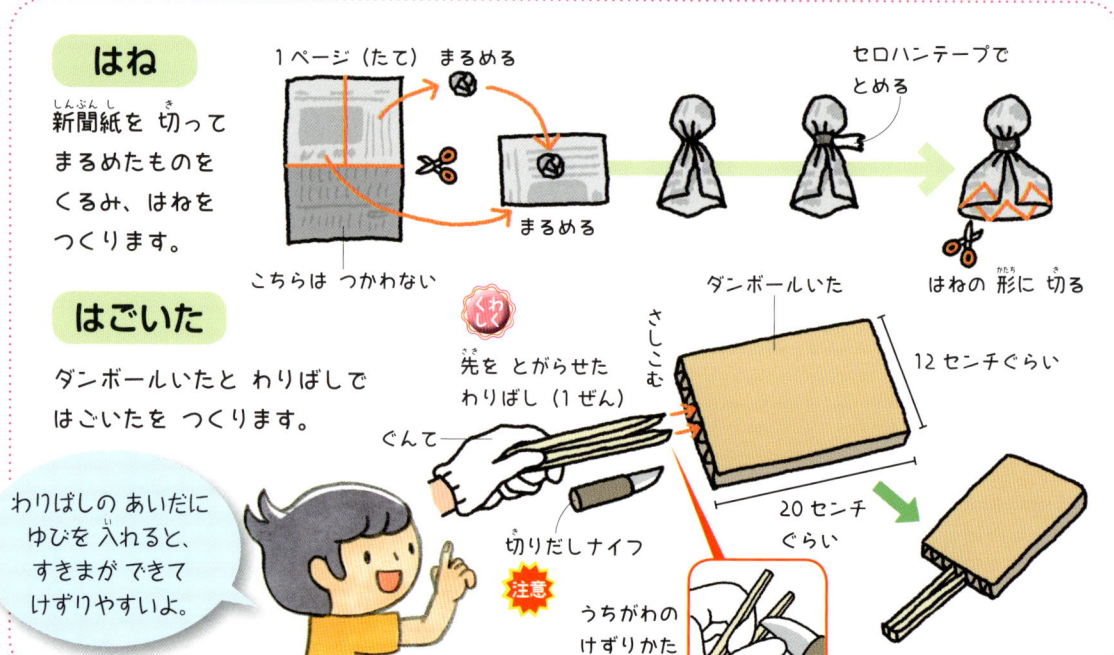

## はね

新聞紙を 切って まるめたものを くるみ、はねを つくります。

1ページ（たて）→ まるめる → まるめる → セロハンテープでとめる → はねの形に切る
こちらは つかわない

## はごいた

ダンボールいたと わりばしで はごいたを つくります。

先を とがらせた わりばし（1ぜん）
ぐんて
切りだしナイフ
注意
うちがわの けずりかた
ダンボールいた
さしこむ
12センチぐらい
20センチぐらい

わりばしの あいだに ゆびを 入れると、すきまが できて けずりやすいよ。

1回、2回、3回…。

**メモ** はねをとめたセロハンテープの上に 好きな色のビニールテープをまきつけると きれいですよ。また、羽子板にも、好きな 絵や模様をかいて遊びましょう。

いっしょに はねつき、しーましょ！

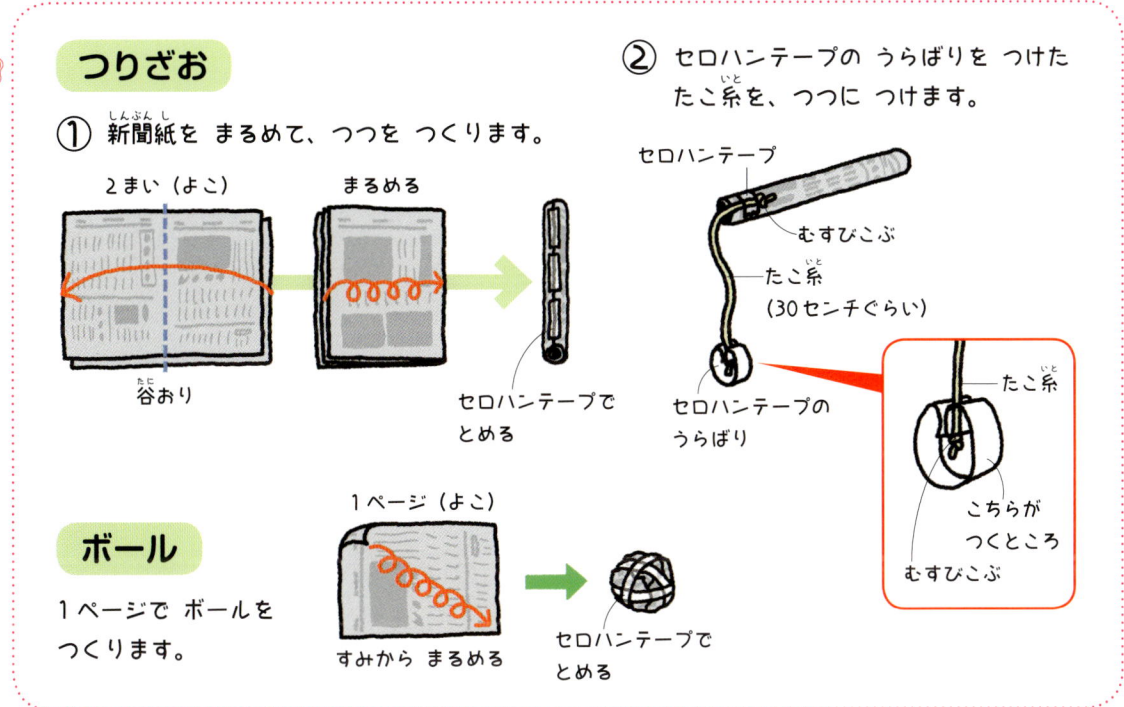

# ボールつり

新聞紙の つりざおで ボールを つって あそぼう。たくさん つれた 人の かちだよ。

**ようい するもの**
- ざいりょう：●新聞紙 ●たこ糸 ●紙ざら
- どうぐ：●台つきのセロハンテープ ●はさみ

**メモ** 半分や、2倍の大きさのボールも作って遊びましょう。糸の長さも変えてみましょう。何回も遊ぶと、ボールが付きにくくなるので、セロハンテープを取り替えましょう。

## くわしく

### つりざお

① 新聞紙を まるめて、つつを つくります。
- 2まい（よこ）
- 谷おり
- まるめる
- セロハンテープで とめる

② セロハンテープの うらばりを つけた たこ糸を、つつに つけます。
- セロハンテープ
- むすびこぶ
- たこ糸（30センチぐらい）
- セロハンテープの うらばり
- こちらが つくところ
- むすびこぶ

### ボール

1ページで ボールを つくります。
- 1ページ（よこ）
- すみから まるめる
- セロハンテープで とめる

# かたたたき

新聞紙 2まいを 組みあわせて つくれるよ。
だれかの かたを たたいてあげよう。

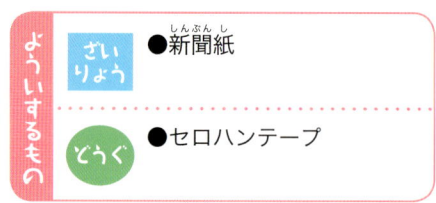
●新聞紙
●セロハンテープ

**メモ** おじいちゃんやおばあちゃんへ敬老の日などにプレゼントしましょう。22ページのパターゴルフのパターにもなりますよ。

① 新聞紙を おりまげて まるめ、みじかい つつを つくります。

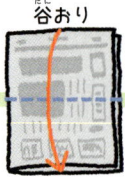  

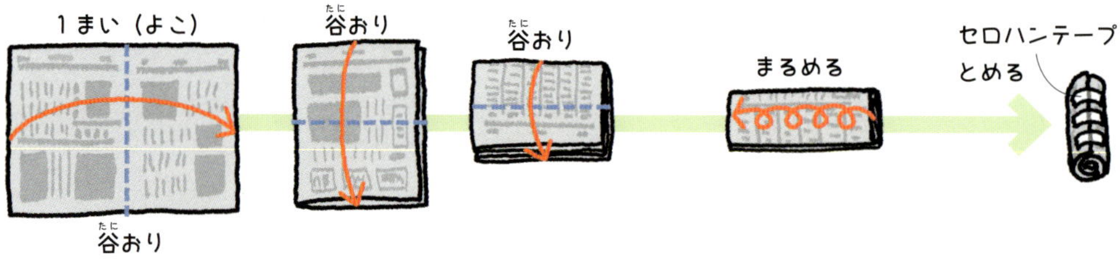

② べつの 新聞紙を おりまげて まるめ、長いつつを つくります。

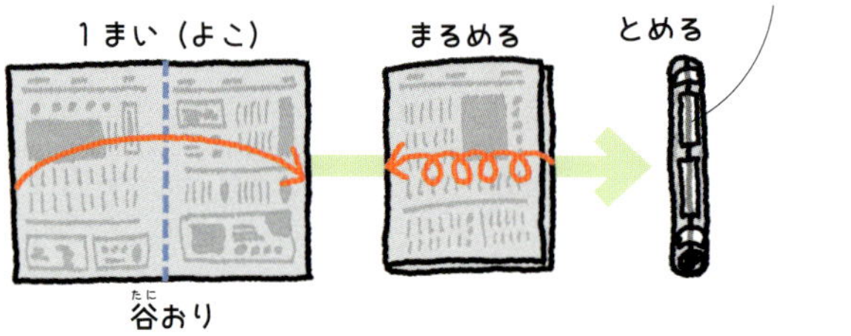

③ ①の つつを ②の つつで はさんで、セロハンテープで とめます。

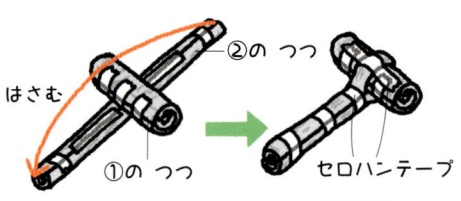

とっても いいきもち。ありがとう。

おばあちゃん、きもちいいですか？

とん とん

ハニャ〜

ホレ ホレ

26

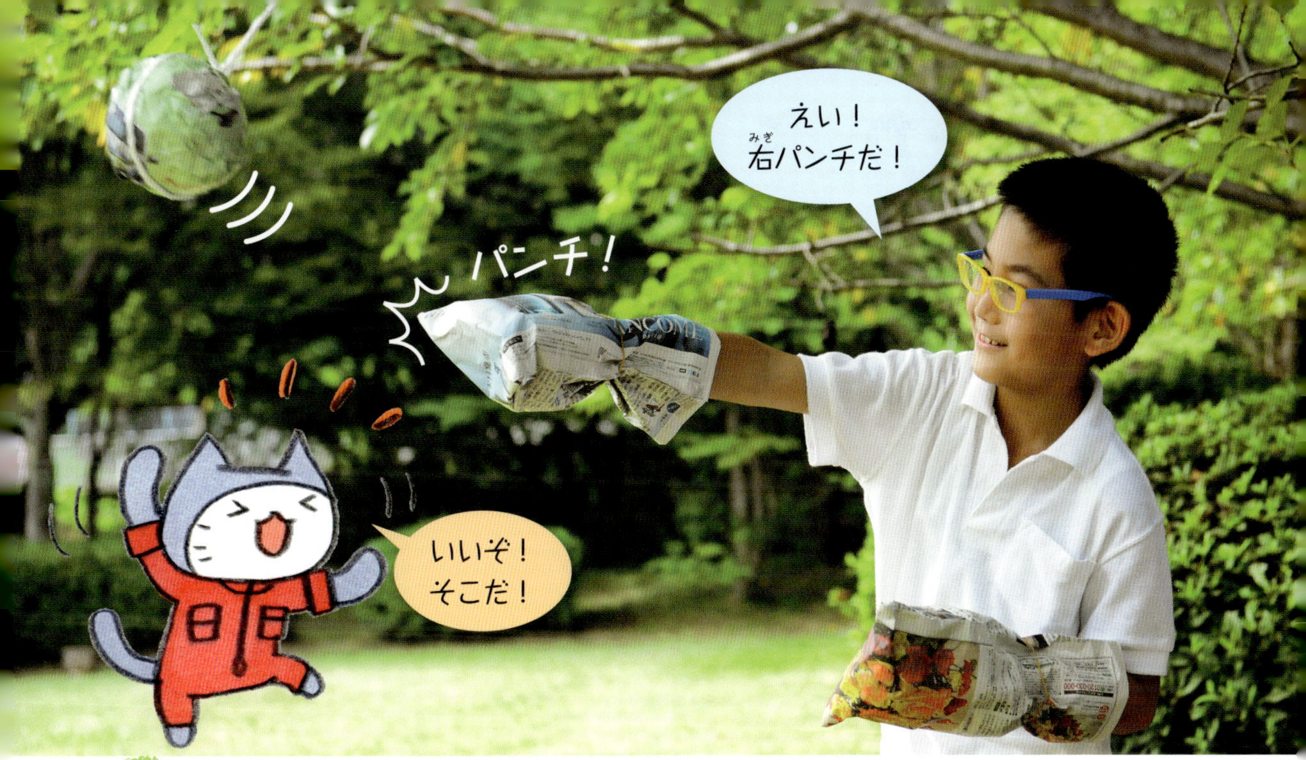

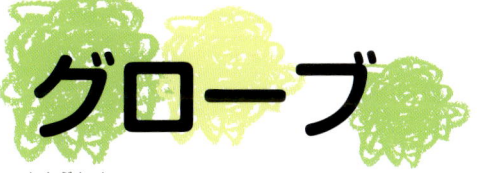

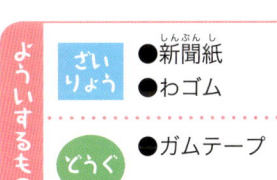

# グローブ

新聞紙の ボールを、
グローブで パンチして あそぼう。

**ようい するもの**

| | |
|---|---|
| ざいりょう | ●新聞紙<br>●わゴム |
| どうぐ | ●ガムテープ |

① 新聞紙 2まいを おりまげ、ガムテープで とめます。

② おりまげ、とめます。

③ 新聞紙を まるめて、つめます。

④ 手に はめて、
わゴムを
かけます。

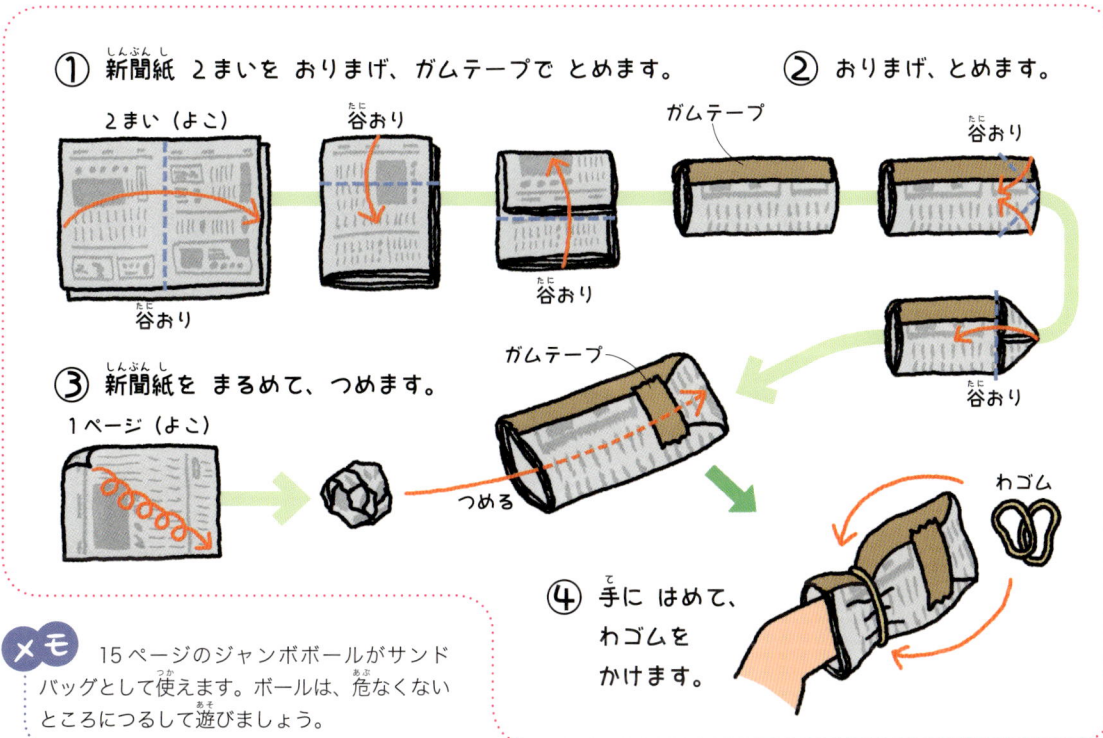

**メモ** 15ページのジャンボボールがサンドバッグとして使えます。ボールは、危なくないところにつるして遊びましょう。

風が すずしくて いいきもち！

ぱた ぱた

ぱた ぱた

あおいで あげる！

# せんす

新聞紙を おりまげて、せんすを つくろう。
あおぐと すずしいよ。

**ようい するもの**
- さいりょう ●新聞紙
- どうぐ ●セロハンテープ

**メモ** せんすは、開いたり折りたたんだりして遊べます。2ページを重ねて作ると、強いせんすができますよ。同じ折り方で、くじゃくも作ることができます。

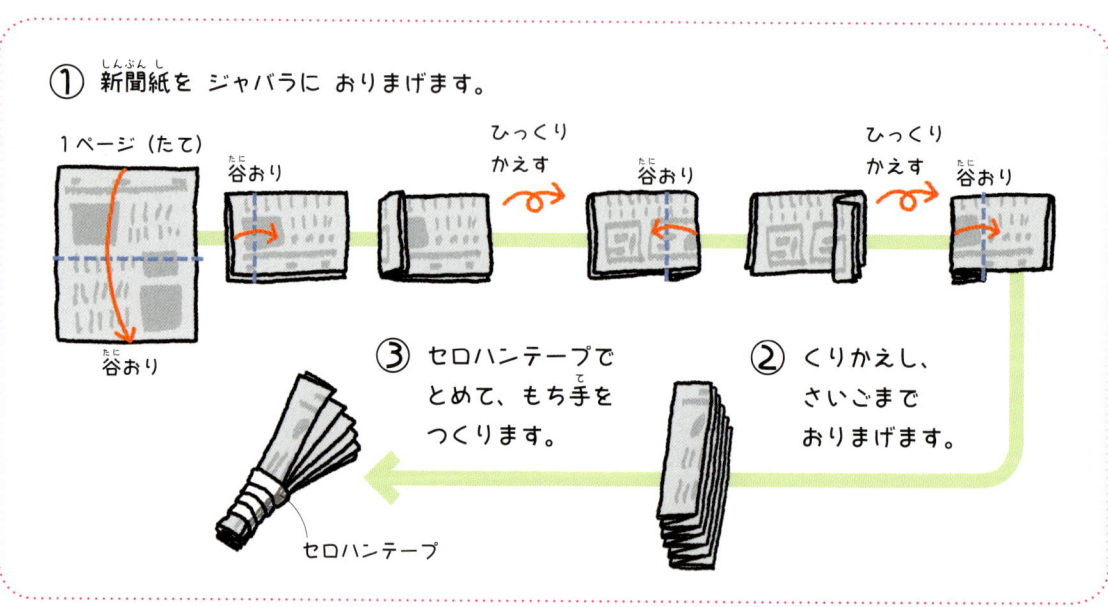

① 新聞紙を ジャバラに おりまげます。

1ページ（たて） 谷おり　ひっくりかえす　谷おり　ひっくりかえす　谷おり

② くりかえし、さいごまで おりまげます。

③ セロハンテープで とめて、もち手を つくります。

セロハンテープ

# 日がさ

日ざしを さえぎる 日がさを つくって、
天気の いい日に つかってみよう。

ようい するもの
●新聞紙
●セロハンテープ

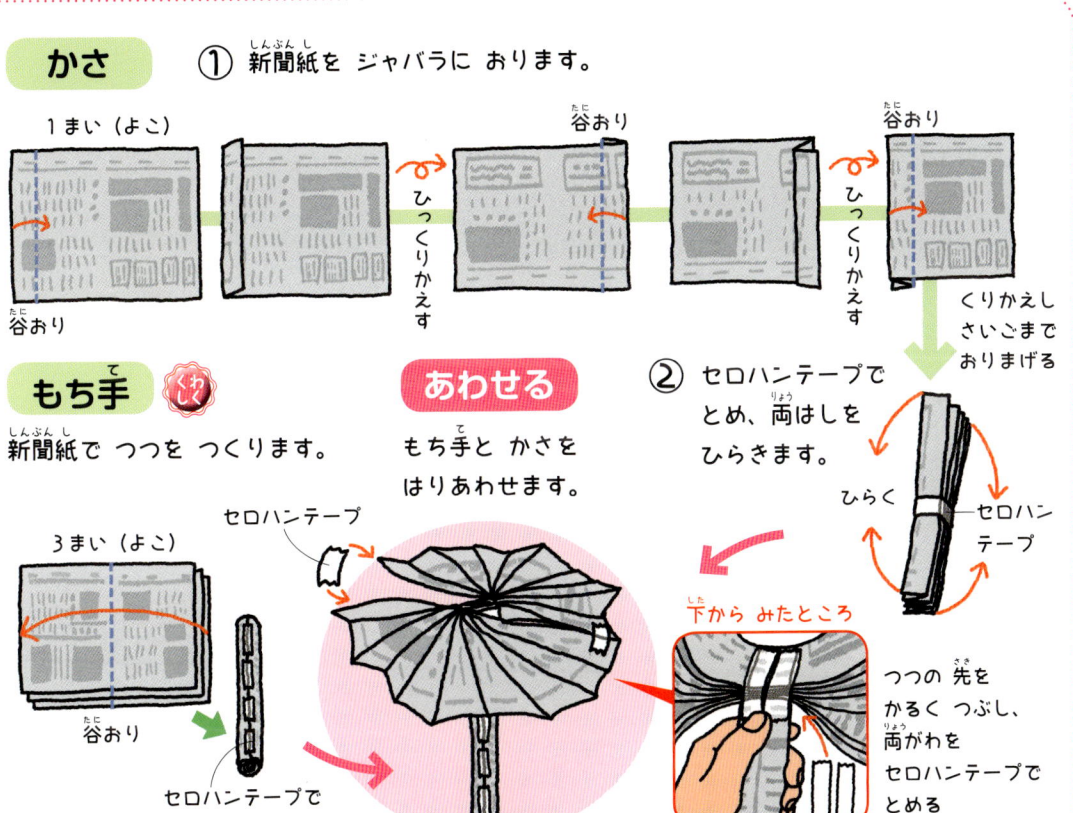

メモ　カラー印刷の新聞紙を使って作るときれいです。傘の部分だけを頭にかぶって、遊ぶこともできます。

ぼくも 入れて〜！

かげが できて すずしいよ〜。

29

# わ回し

わを つくり、つつを つかって、
くるくる 回して あそべるよ。

| ようい<br>するもの | |
|---|---|
| ざいりょう | ●新聞紙 |
| どうぐ | ●セロハンテープ |

### わ
新聞紙を 図のように おりまげ、とめてから わに します。

1ページ（よこ）→ 谷おり → さいごまで おる（谷おり）→ セロハンテープ → わに して とめる → セロハンテープ

### つつ
新聞紙で つつを つくります。

3まい（よこ）→ 谷おり → まるめる → セロハンテープで とめる

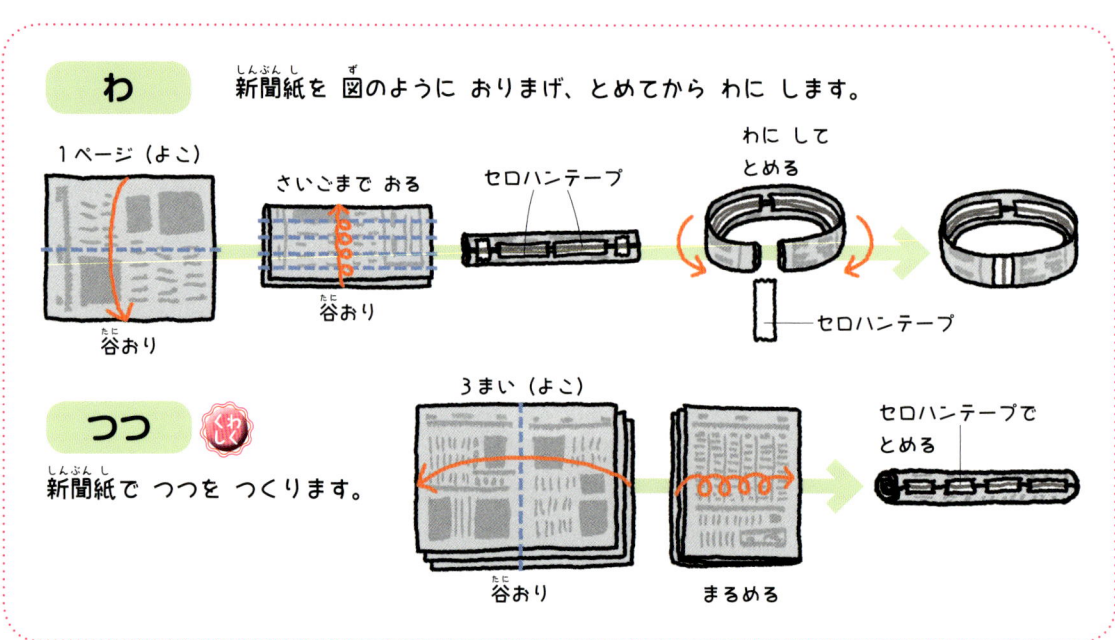

かた手で できるように なったら、両手回しに チャレンジだ！

えい、えい！

くるくる　くるくる　くるくる

**メモ** 最初は、片手に1本の筒を持って、輪を回して遊びましょう。慣れてきたら、1本の筒に2〜3個の輪をかけ、回せるか試してみましょう。

おじょうず！

やった！入った〜！

ねらいをさだめて…。

ぽん！

がんばれー！

### ようい するもの

**ざいりょう**
- 新聞紙
- ダンボールいた

**どうぐ**
- セロハンテープ

# わなげ

わを つくり、まとに なげて あそぼう。

**メモ** 5回投げて、何回入るか、競争してみましょう。また、1枚のダンボール板に筒を2本立てるなど、ほかにもいろいろな種類のまとを作ってみましょう。

---

**まと** ① 新聞紙で みじかい つつを つくります。 ② ダンボールいたに つつを はりつけます。

1まい（よこ）→ 谷おり → 谷おり → まるめる → セロハンテープでとめる → はりつける → セロハンテープ／ダンボールいた／15センチぐらい

**わ** 新聞紙で わを つくります。

1ページ（よこ）→ 谷おり → さいごまで おる／谷おり → セロハンテープ → たくさん つくる

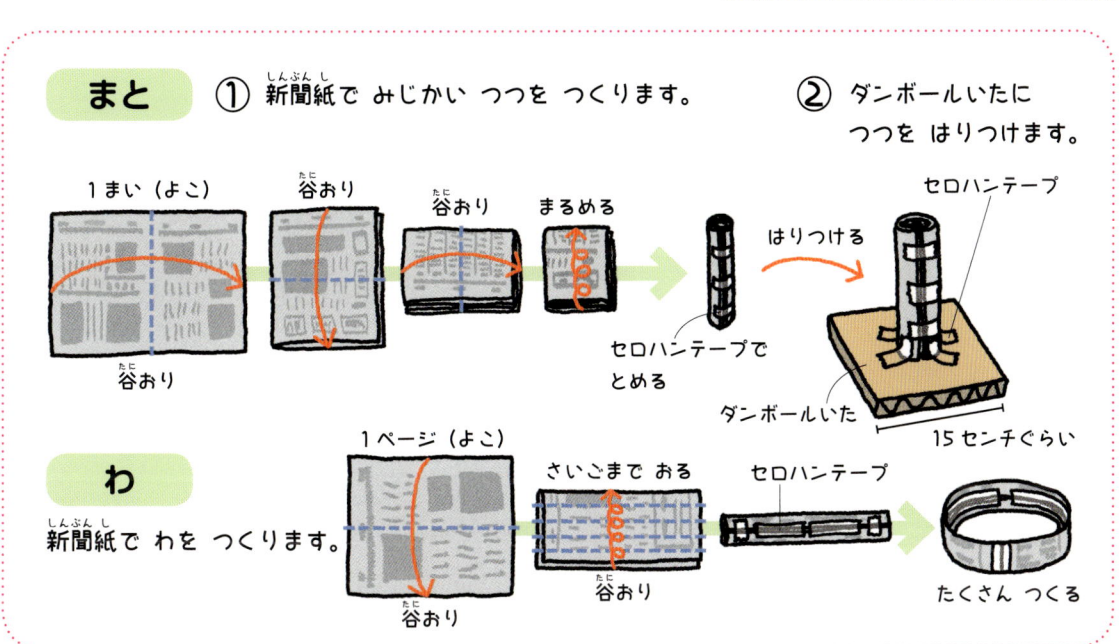

### 作／竹井 史郎（たけい しろう）

岡山県出身。出版社勤務を経て独立。現在は、神奈川県南足柄市で、子どもの遊びの塾「金太郎塾」を主宰。いつも子どもたちと自然の中で遊んでいる。『たのしい紙こうさく』シリーズ全8巻、『きせつの かんたん おりがみ』シリーズ全4巻（以上、小峰書店）など著書多数。

金太郎塾の子どもたちと

### 写真／伝 祥爾（でん しょうじ）

新潟県出身。38年にわたり出版社写真部勤務。定年後も幼児向け月刊誌を担当、立体ジオラマ撮影を得意とする。『よいこのがくしゅう』『よいこのくに』『みみちゃんえほん』（以上、学研）など。

### 絵／さかもと すみよ

広島県生まれ。武蔵野美術大学短期大学部専攻科卒。ポップなキャラクターとパノラマイラストの制作を中心に活動。『学校のバリアフリー』（小峰書店）『4・5・6さいの きもちをつたえる ことばのえほん』（講談社）など。 WEBサイト sitesue.net

装幀・デザイン／篠原真弓　　撮影協力／金太郎塾
企画・編集／西塔香絵・渡部のり子（小峰書店）・小林伸子

---

新 やさしい こうさく①
# 新聞紙でつくろう！
しんぶんし

2015年4月4日　第1刷発行
2025年6月10日　第7刷発行

著　者／竹井史郎
発行者／小峰広一郎
発行所／株式会社 小峰書店
　　　　〒162-0066　東京都新宿区市谷台町4-15　TEL 03-3357-3521　FAX 03-3357-1027
　　　　https://www.komineshoten.co.jp/
印刷・製本／TOPPANクロレ株式会社

©Shiro Takei 2015 Printed in Japan　　NDC375　31p　27×19cm　ISBN 978-4-338-29101-9

乱丁・落丁本はお取り替えいたします。
本書の無断での複写（コピー）、上演、放送等の二次利用、翻案等は、著作権法上の例外を除き禁じられています。
本書の電子データ化などの無断複製は著作権法上の例外を除き禁じられています。代行業者等の第三者による本書の電子的複製も認められておりません。

## 新聞紙 こうさくの つくりかたの ポイント

本の 中に くわしく マークが あった ところは、ここで くわしく せつめいしているよ。

つくる 前に よんでみてね！

### つつの つくりかた

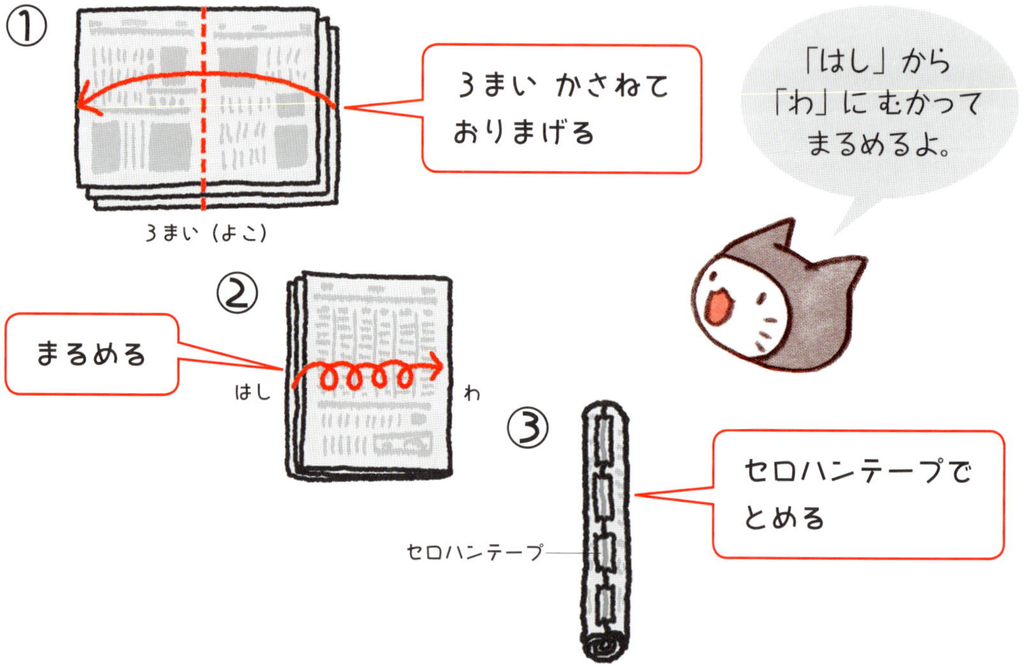

① 3まい かさねて おりまげる
3まい（よこ）

「はし」から「わ」に むかって まるめるよ。

② まるめる
はし　わ

③ セロハンテープで とめる
セロハンテープ

●かさねる 新聞紙の まいすうや、おりまげる 回数は、こうさくごとに ちがうので、つくりかたを よく みてください。